Stefan Rieger

Fallen
und
Fallenstellen

Gedichte

Für Lena und Luisa

einfacher ist es
sich splitternackt
in der Sauna zu zeigen

oder im Dunkeln
vom Fünfmeterturm
zu springen

als gelesen zu werden
mit Haut und Haar

jeden Tag ein Gedicht schreiben
nur ein kleines
ein paar Zeilen
ein Lied komponieren

den Mut zum Reden haben
um wach zu bleiben

die Neugier kitzeln
den Mut berauschen

die Lust am Widerstreben entdecken
am Reiben und Gesundergötzen

ist ein Gedicht am Tag
nicht viel zu wenig

sind zwei Sprüche am Tag
nicht schon zu viel

wer hört mir zu
schaut dieses Buch jemand an

sind meine Gedanken
nicht schrecklich banal

wen interessiert es
was mich verwundert

es lässt doch kalt
wenn ich fluche

es berührt nicht
wenn ich schwärme

ich schreibe für mich
um mich zu erleben

Ich habe meinen eigenen Kopf
einen Dickschädel

Sehr groß ist er nicht

Gerade die Spitze einer Nadel

Er kann böse zustechen

Goldschmied

jeder
ist seines
Schmuckes Glied

ich rede gerne
über Tabus
fragt sich nur
mit wem?

gehen
fallen

weitergehen
hinfallen

immer weitergehen
wieder hinfallen

wieder weitergehen
immer hinfallen

immerhin gehen
wieder weiterfallen

wieder hingehen
immer weiterfallen

hin und wieder
immer weiter

weiterwieder
immerhin

hinwiederum

fallengelassen werden
gefallen lassen

verfallen
zergehen

gefallen
vergehen

Expedition

Ich habe ein Loch
in mich gebohrt
ganz tief
etwa bis zum Erdmittelpunkt

Ich habe mich hineingestürzt
um vor mir zu fliehen
doch auch ganz da unten
fand ich nur mich

aber ich fand mich

Selbsterkenntnnisse

Immer im Bilde
falle ich aus dem Rahmen
auf die Schnauze

Wenn ich
wider den Sinn handle
spinne ich:
einen Faden -
rot

Stell dich nicht so an
wurde ich getadelt
als ich aus der Reihe tanzte

Weggefährten

Eine neue Packung Strümpfe

um mir selbst
auf die Socken zu gehen

um als Elefant im Porzellanladen
nicht zu hart aufzutreten

oder ganz einfach
um weiterhin im Schlaf
weich zu wandeln

Sagen

Ich lasse mir
von niemandem
etwas sagen

von mir selbst
auch nicht

dass ich mir sagen lasse
ich ließe mir
nichts sagen

ist schon
ein enormer Fortschritt

Sagenhaft

Ich hätte so vieles zu sagen
zumindest einiges
einiges weniges
weniges wichtiges

Und ich wage nicht
das wichtige zu sagen
was ich zu sagen hätte

Weil ich nicht weiß
ob es dadurch
dass es nicht gesagt ist
nicht doch bereits gesagt wurde

So versage ich
mir das Sagen
und sage nur
was ich nicht zu sagen habe

Nichtsagen ist Gold

Reden ist viel schwerer

wortloser kommentar

dann sage ich
eben nichts

wenn es zubleibt
kann ich nicht so schnell
darauf fallen

aufs maul

Wirklichkeiten

Nie sehen wir das
was wirklich ist

Denn der Lichtstrahl
der es uns sichtbar macht
braucht eine winzig kleine
aber doch errechenbare

Zeitspanne

um den Zwischenraum
zu unseren Augen
zu überbrücken

ungefügig

ich gehorche mir nicht mehr
lasse mich aus den händen gleiten
verliere den halt
falle
dem aufprall zu
unter die erde

Im Traum stellte ich
mich mir in den Weg

Der Weg
legte sich über mich

Der mich packen wollte
stürmte den Weg entlang

Ich wachte auf
stürzte herab
die mich drückende Last
und war frei

Kanalisiert

ich stell mir vor
ich bin ein rohr
aber ein krummes
so was dummes
es kommt eben vor

Meine Brille

Ich habe eine Brille
um besser sehen zu können

Ich kann mich
nicht mehr entschuldigen
die nicht zu erkennen
die abstürzenden
die ertrinkenden
die umherirrenden

Der einzige Ausweg
sie zu übergehen
ist
sie zu übersehen

Ich habe keine Zeit für sie

Ich muss meine Brille putzen

rebellieren

auf deutsch:
in Hundesprache
zurückreden
entgegenbrüllen
aufstehen
Angst machen
widerständig sein

Rollenverständnis

Wenn ich etwas vorspiele
stehle ich mir selbst die Schau

Dann falle ich aus der Rolle
und schaue in die Röhre

Mit dem Durchblick
bekomme ich Einsicht

in mich

Zerstörungswut

Ich leide an
blinder Zerstörungswut

Ich vernichte die Staubschicht
auf meinem Schrank

Kürze zu lange Halme
meines englischen Rasens

Ich verbrenne ein Streichholz
um eine Kerze in Brand zu setzen
und sie dadurch zu beseitigen

Ich töte Viren
mit Medikamenten

Meine Angst
mit Arbeit

Ich trete mir selbst
auf die Füße

Schmelzstandpunkt

Wenn ich auf eine Mauer aus Kälte stoße
suche ich mir eine Nische darin
und lege mich ganz hinein

Vielleicht schmilzt mein Vertrauen
langsam die Mauer ein
und sie wird wieder
der tiefblaue glasklare Ozean

Ungebetener Gast

Ein Kater schleicht
durch meine Muskeln
und lähmt
wie Gift
entgiftet
lässt mich
stehenbleiben

Vorstellungskraft

Ich stelle mir vor
ich bin mir fremd

Ich komme auf mich zu
stelle mich vor
schüttle mir
die Hand zum Gruß

Ich drücke fester
presse quetsche entsafte
meine Hand mit meiner

Ein trockenes Lächeln
abgestellt
in einen Mundwinkel
zieht Schlieren
auf der Haut im Gesicht

Ich haste ein Begrüßungs-Rudiment
durch die zusammengebissenen Zähne

Unhörbare Zwischenfrage

Ich bin deine Unlust
die dir deine Zeit stiehlt

Ich bin deine Angst
die dich vor Neuem zurückschrecken lässt

Ich bin deine Unentschlossenheit
die dich unentschlossen lässt

Ich bin dein Gewissen
das dir im Weg steht

Ich bin deine Antriebsarmut
die dich vor dir wegrennen lässt

Hörst du mich

Du willst nicht hören
willst mich nicht wahrhaben
willst mich nicht zugeben
wie ich dich an dir hindere

Traum

In meinem Traum
zerbröckelte die Luft
und fiel in kleinen Häppchen herab

Selbst in ihrer größten Atemnot
freuten sich die Menschen
über diesen Schnee

In meinem Traum
zerfiel die Luft
und bröckelte in kleinen Häppchen herab

Wie Manna
fraßen die Menschen
ihre Lebensgrundlage

In meinem Traum
waren die Menschen Luft
und fielen in Brocken herab

Die Erde war bedeckt von Staub
und leer

Tete a tete

Mein Widersacher
traf mich
tief in meinem Innersten

Dort gab ich ihm die Hand
und ging ein wenig
mit ihm spazieren

Stadtbild

Ich fühle mich
wie die Stadt Venedig

Wacklig stolzierend
auf unsicheren Stelzen

Ständige Angst
vor dem Sinken

Die Fassade
auf wässrigem Fundament

Ein Unterschied

Der Vizepräsident
der vereinigten Staaten von Amerika
brauste dicht an mir vorbei
in einem schwarz verhängten Wagen
von Unmengen Eskorterie umgeben

Meine Mutter
reiste allein
weit von mir weg
in einem schwarz verhängten Wagen
von einziger Unendlichkeit umgeben

Wer

Das Wehr
Die Wehr

Der Gewehrschütze

Ohne Gewähr

Regelmäßig

in der Regel
bildet die Ausnahme
von der Regel
keine Ausnahme
der Regel
dass keine Regel
ohne Ausnahme
lebensfähig ist

im Ausnahmefall
ist eine Regel
ohne Ausnahme
die Regel

ohne Ausnahme
behandelt man
alle Regeln
leger

was uns
rechtmäßig zusteht
ist in den meisten Fällen
recht mäßig

Alle Macht des Volkes

Demokratie

Demonstriert

Demon t iert

Enteignungen

Des Lebens
bei der Geburt

Der Kindheit
durch das Wachstum

Des Gewissens
durch das Geld

Der Seele
durch die Religion

Des Sinns
durch Unsinnigkeiten

Des Todes
durch das Sterben

.

Ähnlich

Sommersalami einhundertfünfzig
gekochter Schinken einhundert

er hätte auch sagen können

stillgestanden und abgedrückt

Wer darf der darf

Manche leben unscheinbar
das wird erwartet

Manche schreiben Bücher
das ist erlaubt

Manche halten sich Raubtiere
das wird geduldet

Manche bauen Atombomben

(W)Eisheit

Gefrorenes Wasser
schmilzt auch bei minus einem Grad

wenn es
unter Druck gesetzt wird

Mauerfall

Der Zahn der Zeit
nagte Zacken in die Mauer

riss diese ab
aus der Reihe der Revolutionen
wie eine Briefmarke

klebte sie
auf die Aufzeichnungen der Historiker

schickte sie als Sonderdruck
in die Geschichtsbücher

Tennis

hin und her
hin und her
hin und her
hin und her
hin und her
hin und her
hin

und liegen geblieben
meistens auf der einen seite
beziehungsweise auf der anderen

im gegensatz zum butterbrot
sind hier beide seiten
qualitativ gleichwertig

trotzdem
auf der mitte
bleibt nie etwas liegen
oder
hängen in der luft

wäre interessanter

Rückschlüsse

Solange ich lebe
habe ich Angst

Solange ich Angst habe
habe ich Sehnsucht

Solange ich sehnsüchtig bin
habe ich Träume

Solange ich träumen kann
habe ich Wünsche

Ich wünsche mir
zu leben

Solange ich lebe
habe ich Wünsche

Solange ich wünschen kann
habe ich Träume

Solange ich träume
habe ich Sehnsucht

Solange ich Sehnsucht habe
habe ich Angst

zu leben

Nachdenken einer Zweiundvierzigjährigen

Im Großraumbüro
am dritten Bildschirm links
jeden Tag
und auch am nächsten
und am übernächsten
am Wochenende nicht
dann stattdessen
einkaufen und putzen

dreiundvierzig werden

Fremdbestimmt

Unser Leben ist bereits
von anderen durchdacht
denen wir es in die Hand legen

Einige denken für uns
in Büchern

Einige sehen für uns
in Filmen und Fotographien

Einige fühlen für uns
in der Kunst

Einige hören für uns
in der Musik

Einige entscheiden für uns
in gewählten Regierungen

Einige stellen sich
auf unsere Füße

Niemandsland

Niemandsland
Niemandslan
Niemandsla
Niemandsl
Niemands
Niemand

Niemand da?

Mahlzeit

Ich hatte mich zum Fressen
gern

Ich aß mich auf
überfraß mich
verdarb mir an mir
den Magen

Ich ertrug
meine Schlechtigkeit nicht
und aß sie auf
und vertrug sie nicht

Die Magenschmerzen
brachten mich zur Besinnung
zur Gesinnung
zu einer neuen
anderen
vielleicht besseren

glück

das ist
jemanden zu kennen
wie dich
der das auch
von mir sagt

Gemicht

So kurz vor drei
kam ein Engel vorbei
und blieb bis vier,
spielte mit mir Klavier,

nippte an meinem Kaffee -
ich selber trank Tee.
Wäre gerne länger geblieben,
hat sich selber vertrieben.

Das hier ist kein Gedicht!
Obwohl du jetzt vielleicht meinst,
diese Strophen seien für dich,
und darüber beim Lesen weinst.

Nur mir, dir habe ich nicht
diese Zeilen geschrieben.
So nenne ich es Gemicht,
denn du wärst bei mir geblieben.

Deine Haut

Fasziniert
von Deiner Haut

nicht diese makellose Bräune
aus der Fernsehwerbung

nicht mit Hautcreme
geglättete Fältchen

nicht mit Make-up
kaschierte Blässe

ganz natürlich

der Mantel
um dein Inneres
den ich so gerne berühre

zu leicht

und ein Kleinod
warst du mir
das zu hüten
mir zu leicht fiel
dass ich es oft
in die luft warf
und konnte es
gar nicht mehr fangen
so leicht war es
und flog davon

Wiedersehen

Als verschluckte Häuser sich umdrehten
oder verdrehte Häuser sich verschluckten
- genau weiß ich das nicht mehr,
da lächeltest Du.

Seltsamste Gänge mit Ecken
begannen zu begradigen,
und verwunschene Nebel
lichteten sich im Dunst.

Langsam
standest Du da.

Ich hörte Deinen Blick
in meinen Adern gefrieren,
ich sah Deine Stimme
mir den Hals zuschnüren

und liebte Dich.

ruine

aus den Mauern
die wir einst benutzten
uns voneinander fernzuhalten
bauten wir ein Haus
das jetzt leer steht
und zerfällt

Schmerz im Nachhinein

immer wieder erinnert
immer wieder verletzt
immer wieder verheilt
immer mehr vernarbt

Missverständnis

ich höre nichts mehr von dir
weil du mir nichts mehr sagst

dein lächeln
ist nicht mehr taufrisch

ich schmelze
zu einem eisberg dahin

Bedürfnisse

Ausgehungert nach dir
versetzte ich mein letztes Hemd
und friere jetzt
nach deiner Wärme.

Ich möchte gerne...
Dort ist besetzt.
Seit langer Zeit sind wir uns fremd.

Der Nachmittag schweigt.

immer ist niemand da
wenn man sie sich herbeiwünscht

die umarmung
endet in eingesackten daunen

wo bist du kopfkissen
das sich morgens
in die prinzessin verwandelt
und bleibt

Weihnachtsbaumfriedhof

Asche zu Asche
Staub zu Staub

Einst aus der Erde gewachsen
noch nicht ganz ausgereift
aber schon formvollendet

Nun zu Grabe getragen

Nach Benutzung bitte wegwerfen

Nichts mehr übrig
von Kugelglanz und Lampenputz

Nur noch gewöhnlicher Biomüll
als Kompost
für nächste Generationen

Vorf(r)ühling

Zwei paar abgestandene Schuhe
durchqueren gestrandeten Schneematsch

Ein überraschter Ascheimer
beendet seinen grauen Atem

Die Kälte
ist an sich erfroren

Noch Zweige übrig
von Herbststürmen

Noch nichts
von neuer Zärtlichkeit

Übergangslösung
Jahreszeiten-Provisorium

Imposanz

Ein riesiger Baum
von etlichen Metern Höhe
und dickem Stamm
mit starken Ästen
daran Millionen Blätter
und überzeugenden Wurzeln

war innen hohl

Niedergelassen im Park
gesellt sich
im Schatten der Äste
die Trägheit zu mir

Also blättere ich auf
die Geschichte
die in den Blättern
der Bäume steht

Friedhof

Wie viele Tote
mögen wohl
in jenen Blättern
der vielen Bäume
auferstanden sein

Leiche auf dem Wasser

Der Baum
wirft einen Schatten
und erschlägt
die sich spiegelnde Sonne

Motoren am Morgen
versorgen
immer wieder gern
die Stadt mit Lärm

In Scharen
fahren
die Massen
auf verschlafenen Straßen

Kein leiser Laut
schaut
verloren
in die Ohren

Nur lauter Gedröhn
nicht schön
setzt die Stadt
matt

Wären die Adern kleiner
feiner
wären die Sinne reiner

Interessiert sich leider keiner

Berufsverkehr

Arbeitsende
nun ist Zeit für Ameisenhaufen
sich neu zu formieren

Asphaltadern
der pulsierenden Stadt
als Transportwege

Wenn ich
inmitten Fußgängerzonen
stehenbleibe
den Atem anhalte
die Augen schließe
fühle ich mich
schwimmend in der Brandung

Chancenlos
mich um nur einen Zentimeter
gegen die Wellen vorzukämpfen

das absolut
einzigartige
allumfassende
universelle
ultimative
sonnenuntergangsgedicht:

sinken
untergehen
eintauchen
und morgen bitte wiederkommen

Hämmerer

Jenen eifrigen Specht
den du mir begeistert zeigtest
betrachtete ich
mit erheblichem Mistrauen

Mir schien es
als wolle er mit seinem monotonen Klopfen
unterbrochen von kunstvollen Pausen
sämtliche Würmer und Maden
aus mir heraus hacken

Ich hatte Angst vor dem Schmerz
und verstopfte die Ohren

und hörte nicht dein Lachen

Schweinestall

Man wirft keine Perlen
vor die Säue
(nur solche
aus Kraftfutter
- Nebensache)

Die Erde
eine Perle

Die Menschen

Strandkorn

Ich bin im All - das ist etwas Wahres -
nur ein Staubkorn, ein unsichtbares!
Aber hier am Strand
inmitten von Sand
fühle ich mich doch prim inter pares!

Baumtraum

Draußen welken die Bäume
In Dir wächst mein Baum
Du bist mir näher als Zukunft in Träumen
Du bist hier und jetzt mein fleischiger Traum

Wir schlingen uns wild um unsere Äste
Wir krönen uns selbst mit goldenem Laub
Wir sind ineinander geborgen wie Gäste
Wir sind benebelt und betaut

Du riechst nach feuchtem Moos und trockenen Zweigen
Du schmeckst wie Apfelkompott
Wir machen uns selbst zu eigen
Wir machen Herbst und spielen Gott

Novembermorgen

Im Nebel ruhet schon der Herbst
noch immer blühen Primeln
sich loszureißen jetzt
fällt auch in diesem Jahre schwerst
bis endlich wieder es beginnt zu grünen

Meine innere Uhr

Wie der Zeiger einer Uhr
bewege ich mich:

Stets vorwärts
aber immer im Kreis

Tod

Ach
jetzt
kommst
du
schon?

Nein
jetzt
passt
es
noch
nicht!

Vorgestern

durch vergilbte fotos
zurückerinnert
an kinderzeit
an die ich mich
nicht zurückerinnern können kann

kind sein
ganz klein

für immer

das wär´s

Stets

spüren
tasten
erleben
tasten
spüren

Nur ein paar Tropfen Zeit
um Gehör zu finden
um einzudringen
in die verstockten Windungen
von Herz und Hirn

Nur ein paar Wortfetzen
um sagen zu können
was ich zu sagen habe

Ein Gramm Augenblicke
für einen Wimpernschlag
zu sehen
und gesehen zu werden

das Stundenglas
ist die Zeitlupe
durch die der Tod
das Leben
in den Brennpunkt führt

arbeitslos

ich trage
meine trägheit
vor mir her

der kaktus
auf dem fensterbrett
ersticht mir die augen

sitzen
im weichen sessel
macht müde

ich höre
was ich mir nicht sage

vorschau auf gestern

dann vielleicht ein paar kränze
schleifen banderolen
sprüche
reden
tränen

will sie nicht haben
dann nur noch stille und ruhe
endlich

gestern ist nicht mehr weit weg

wie die abfahrt
aus einem geliebten land

wird der alltag dort
auch ohne mich stattfinden

Wie lästig ist mir Zeit
wenn sie vergeht
und nicht stehenbleibt

Wie lästig ist mir Zeit
wenn sie steht
und nicht vergeht

Wie angenehm ist mir Zeit
wenn sie vergeht
und trotzdem stehenbleibt

Sprünge

Ich komme mir vor
wie ein Känguru-Junges

Mein Leben schlägt Saltos
und ich bin gebeutelt

krankheiten

dieselben schuhe und strümpfe an
gehe ich an ihnen vorüber
zehntausend gedanken weit weg

sie lauern geballt
in wissenschaftlichen büchern
über mich herzufallen
meinen herzschlag ihnen anzupassen

noch lebe ich
zumindest für diesen
und eventuell sogar
für den nächsten moment

keine uhr
kein metronom
oder wecker
als taktgeber

nur das schlagen
meines herzens

und deines

bin am ende
mama
vor mir nur dir flasche wein

vermisse deine alten hände
fühle mich plötzlich ganz allein

nur ein allerletztes
weise ernstes lächeln
nicht einmal
ein abschiedswort

tränen
und seitdem
ein bisschen schwächer

schwerelos
gehst du für immer fort

Bald ein Schatten nur
sind eure Spuren
die jetzt noch
so nahe an mir führen
und so eng vertraut mir sind

Eure Wege sind
wie Kreise auf dem Wasser
ausgelöst von eingeworfenen Steinen
verlieren weiter sich
und schwinden aus den Augen
nach und nach

Fühle trotzdem nah mich euch
in jeder Stunde
euer Weg ist meiner nicht
und meiner ist nicht eurer
dennoch bin ich dankbar stolz und glücklich
für jeden Schnittpunkt unsrer Schritte

Dichterliebe

ich schreibe mich
dichter an dich heran

näher
enger
ganz heran

Haar-Herbst

wenn sie doch wenigstens
nur die Farbe änderten
statt immer spärlicher zu sprießen

mit jeder Sorge
fällt ein Haar mir aus
statt grau zu werden

wachsen nach jedoch
Gelassenheit
Mut
Weisheit

reichlich

Bibliografische Information der Deutschen Nationalbibliothek:

Die Deutsche Nationalbibliothek verzeichnet diese Publikation in der Deutschen Nationalbibliografie; detaillierte bibliografische Daten sind im Internet über http://dnb.d-nb.de abrufbar.

1. Auflage 2008

Herstellung und Verlag:
Books on Demand GmbH, Norderstedt

ISBN-13: 9783837074826